DEMOCRÁCIA AUDIOVISUAL 1

I0390633

QUIERE PRODUCIR VIDEOS VIRALES?

MANUAL
CÓMO CONVERTIR SUS VIDEOS EN CINE PARA INTERNET

MAURICIO QUINTANA

Cuando hablamos sobre los YouTubers, Instagramers, Viners o Livers, estamos hablando de casi la mitad de la población mundial:

Más de la mitad de las personas que viven hoy en la Tierra han estado en un vídeo en Internet o han producido vídeos para YouTube, Instagram o Snapchat: Los que no son Youtubers hacen videoclips imitando a sus artistas musicales, salen como victimas en bromas, peleas escolares, cámaras escondidas, marchas comunitarias, videos de fiestas de 15 años, grabaciones en buses, trenes, estadios… o han estado en una conferencia, eventos transmitidos en Vivo vía Facebook Live, son músicos haciendo covers con sus instrumentos, disfrutan de dar sus secretos de los video games, mandan mensajes de amor, hacen evangelización religiosa on-line, diseñan memes, usan los videos como documentales y notas periodísticas para que sus ideas políticas se propaguen por la red, hacen investigaciones sobre temas profundos o triviales… tienen videos divertidos, irónicos, sarcásticos, amables, tiernos, románticos, violentos y pacifistas… suben video-pensamientos a twitter o hacen transmisiones en vivo por Facebook, Periscope o a través de streaming.

Además están todos aquellos que graban con el fin de utilizar sus videos y contenidos digitales para promocionar sus servicios, negocios, empresas, productos e iniciativas sociales y de emprendimiento… Es decir, quienes hacen marketing digital.

Todos tenemos algo que decir en las redes sociales y queremos ser vistos. Esto quiere decir que el verdadero lenguaje (es decir, la forma de comunicarnos) de la ultra modernidad es el lenguaje audiovisual…

Los videos son la mejor manera de comunicarnos, la más cercana a las personas y la más entretenida para el público.
Pero lo más divertido del asunto es que cuando cualquier persona quiere grabar con un teléfono, una Tablet o una action-cam, lo primero que debe conocer es la técnica básica del cine clásico.

- Cómo así? Ahora tengo que aprender cómo se hace el Cine?
No se supone que es totalmente al contrario?
Se supone que las reglas de los videos para redes sociales son, precisamente, que no existen reglas, que uno puedo hacer lo que quiera!

- Ese será su primer pensamiento al pensar en el "cine para internet", pero déjeme decirle la primera gran verdad de este libro:

En internet hay más de mil millones de horas de video disponibles para ver, pero solo el 1% logra viralizarse.

Sabe a qué se debe este fenómeno?

A QUE SOLO HAY DOS CATEGORIAS DE VIDEOS:

LOS VIDEOS BIEN HECHOS
Y LOS VIDEOS MAL HECHOS.

Si su manera de grabar, de agarrar el celular o la cámara, de editar, musicalizar o hablar en un video no es la adecuada, NADIE VA A QUERER VERLO por más importante o interesante que sea lo que usted quiere decir o mostrar.

Únicamente hay una excusa y categoría para los videos "de una oportunidad" o "de última hora": que sean grabados en medio de una manifestación popular con arengas y bombas molotov o que tal vez esté usted grabando una situación o personaje que no se repetirán de ninguna manera en el futuro, como la señora que con la chancla espanta al cocodrilo antes de que se coma al perrito.

Sabe porqué?

Porqué nuestro cerebro está acostumbrado por una herencia cultural, desde hace varias generaciones, a la forma y el estilo en que el cine (y luego la televisión) nos mostraron el mundo, por eso hay videos que nos parecen "Cool" y hay otros que los dejamos pasar de largo sin que llamen nuestra atención.

Prefacio:
CINE, TELEVISIÓN, TEATRO E INTERNET

Siempre se ha dicho que el cine es el arte del director, el teatro es del actor y la televisión de los productores.

En la televisión, los productores suelen fabricar personajes con los que la audiencia puede identificarse: Marcelo Tinelli, Raúl Velasco, Simon Cowell, Don Francisco, Ellen DeGeneres, Cristina Saralegui, Laura Bosso, Mirtha Legrand… en fin… esos personajes son los que pueblan la televisión. Así funciona… usted todavía siente que los conoce porque los ve mucho en TV. La verdad es que todos ellos son personajes, no la persona real que usted podría encontrarse en la calle.

Al entrar al teatro, todos somos consientes de que los actores están interpretando unos roles escritos por un libretista y esa es la virtud del actor: hacer que durante dos horas olvidemos que todo lo que pasa en las tablas es mentira.

Sabe de quién es la internet?
   Internet y los contenidos digitales son de las personas: seres reales, diversos y únicos como usted y como yo, que compartimos nuestras individualidades con el mundo. Personas que con talento y la capacitación adecuada, podemos hacer de internet nuestra ventana para demostrarle al mundo la verdadera fuerza de nuestra individualidad, aunque ella sea artística, deportiva, ecológica, social, política, comercial o religiosa. No importa. Si usted decide

aprender a hacer **Cine para internet**, su voz se oirá más alto.

Con su más reciente actualización (diciembre de 2016) Facebook Live hoy en día es el gran "canal de Televisión" de la humanidad, un medio de comunicación masivo, "gratuito" y con acceso a múltiples, simultaneas y diversas transmisiones en vivo y pregrabados con todo tipo de personajes, infografías, deportes, historias, noticias, datos curiosos e incluso los canales de televisión "tradicional" hacen "emisiones digitales": sus noticieros exclusivamente para internet.

Youtube por otro lado es una ventana de VOD (Video On Demand) en el que el usuario teclea buscando el nombre de lo que quiere ver (o la categoría) y encuentra los contenidos que desea o que necesita en un mar infinito de videos, música y personajes de todos los idiomas, estilos de vida y creencias. Algunos de estos contenidos (los que gozan de una calidad superior en producción y realización) ya están siendo ofrecidos "en alquiler" o como parte del paquete "Youtube RED", que quiere competirle a Netflix cobrando una suscripción para tener acceso a contenidos exclusivos.

En twitter, snapchat, google plus y whatsapp reina la opinión personal, el bullying, los haters y los contenidos (generalmente graciosos) con los que interactuamos con nuestros amigos y conocidos para compartir con ellos nuestra visión del mundo, nuestros ideales y creencias, para generalmente, sentirnos como filósofos o simplemente, burlarnos de los demás para olvidar nuestras propias penas.

En Instagram todos los videos están enfocados a la belleza y el lifestyle: La mayoría de videos virales son "lindos", mujeres sexys con videopost "estéticos" y que contienen un elemento aspiracional importante: "Esa es la vida que quisiera tener", "esa es la novia que quisiera tener", "la playa en la quisiera estar", y así, las marcas logran estar en su cerebro como la representación de unas características fundamentales que identifican a los followers de cada producto o personaje. Eso, en castellano puro quiere decir, que en Instagram, todo el mundo quiere venderle algo. Algo lindo, pero no gratuito.

Así mismo pasa con amazon, pinterest y vine, todo el mundo quiere hacer muy buenos videos porque quiere venderte algo, que hagas parte de una comunidad; que te suscribas a algo… o que sigas al alguien que al final va a querer venderte algo.

Quiere que le cuente para que se usaba originalmente el cine?

La función básica del cine era poder documentar, es decir, grabar y guardar un archivo visual de lo que sucedía en el mundo (de ahí viene el termino "documental"), es por eso que hay muchas imágenes guardadas en blanco y negro de actividades de la vida cotidiana, como gente caminando o trabajando, imágenes de cómo funciona la naturaleza, de los combatientes en la Primera Guerra Mundial, de wallstreet, de presidentes, artistas y de la gente haciendo las cosas normales que hacían en las ciudades.
La idea era mostrar a los habitantes del futuro todo lo que pasaba en cada lugar en cada momento de la historia.

Pero fue George Meliés quien "se inventó" la técnica para contar historias de ficción (es decir, fue el primero que hizo un libreto con una historia para una película) usando el invento de los hermanos Lumiere (aunque él compró una cámara a otro fabricante, porque ellos eran un tanto "celosos" con el uso que se daba a su invento), cuyo espíritu documentalista no les había permitido dilucidar al cine como un gran espectáculo de entretenimiento. Meliés fue quien trajo la técnica teatral a la cámara, pues él era director de teatro e ilusionista antes de empezar a hacer cine y con ese conocimiento, pretendía que la gente en el cine pudiera emocionarse como lo hacían en sus funciones de ilusionismo o en teatro.

Por qué le estoy contando todo esto?

Cómo cree que se hacían las películas en blanco y negro?

CON UNA SOLA CÁMARA!

Es decir, hoy en día, usted; con su celular, su cámara fotográfica o una action-cam y usando un trípode tiene en sus manos casi los mismos recursos técnicos con los que se hicieron clásicos del cine como "Viaje a la Luna" o "La mano del Diablo", "la Quimera de Oro", "EL acorazado Potemkin", "Casablanca" o cualquiera de las películas de Cantinflas.

Si termina de leer este libro, tendrá claros los elementos mentales y prácticos que necesita para convertir sus videos on-line en verdaderas obras de arte ultramoderno:
Cine para Internet.

Hace algunos años, gracias al canal de televisión en el que solía trabajar, tuve la oportunidad de conocer al maestro Robert McKee *(google por favor)* y asistir a una conferencia en la que, de manera magistral, condensó el contenido de dos seminarios: "Story" y "TV Series"
Robert McKee es el profesor-corrector-lector de libretos para cine y televisión más solicitado en todo el mundo. Es decir, es el "gurú de los gurús" de los contenidos… solo le digo esto, porque quiero que le quede claro de quien estoy hablando, porque lo que aprendí con él ha sido el camino que sin saberlo, han recorrido los contenidos en el cine, la tv y el video en los últimos años.

El señor McKee afirma, en resumen, que el futuro del cine está en la televisión. Dice esto básicamente porque el tiempo que dura una película no es el necesario para desarrollar de manera óptima las historias y personajes, por eso uno de sus alumnos, el director de cine Peter Jackson, ha necesitado 2 trilogías para desarrollar todo lo que puede pasar con el universo y la historia del señor de los anillos y los hobbits.

Es por eso que hoy en día la "TV Premium" *(es decir: canales como HBO, AMC, SHOWTIME, etc. y servidores de VOD como netflix, amazon, claro video o hulu)* está plagada de series que atrapan y logran la fidelidad del televidente como una película lo haría con cada uno de sus capítulos, o a qué cree que se debe el éxito de series como *"game of thrones"*, *"mad men"*, *"house of cards"* o hasta *"the walking dead"*?

Se debe a que sentimos que vemos una buena película cada vez que vemos un capítulo, y además, los personajes crecen y crecen, y las historias crecen y crecen...

Pero, qué tiene que ver eso con nosotros?

Todo.

Piense en esto: Si el futuro del cine está en la "caja mágica", donde está el futuro de la televisión?

Si la televisión se está convirtiendo en la ventana para ver esas historias increíbles del cine, con muchos más capítulos, efectos,

más presupuesto y más emoción… El futuro de la televisión está en nuestras manos.
Si. en sus manos y en la mías.

A donde van a ir a parar los televidentes que quieren ver contenidos inmediatos, gratuitos y cercanos, que hagan parte de su entorno, de su cotidianidad y que le traigan esa información que Hollywood no puede traer en las series para televisión?

Obviamente todos vamos a querer ver programas digitales, **Cine para Internet**.

Usted y yo, cualquiera que haga o quiera hacer videos para internet, debe entender el concepto de producción y realización del **Cine para Internet**, porque dentro de poco, toda la televisión estará programada con nuestros contenidos: todas las historias mostradas desde nuestras maneras particulares y únicas de ver el entorno, nuestros shows de humor, de entretenimiento, cápsulas sobre historia y programas de todos los géneros serán el lugar donde los anunciantes deberán poner su dinero para llegar a las masas de consumidores en las redes sociales, y ahí, en ese lugar donde los anunciantes pondrán ese dinero, podría estar usted, si es disciplinado y se compromete haciendo buenos contenidos. Pero por favor, no se confunda, esto no significa que la televisión "tradicional" va a desaparecer o que su programa digital ahora lo van a incluir dentro de las producciones de su canal favorito; esto lo que significa es que la audiencia (es decir, los televidentes) está dejando de ver televisión "tradicional" para ver shows y contenidos digitales y que si usted empieza a realizar sus contenidos con la técnica del **Cine para Internet** de la que estamos hablando en este libro y sus ideas son originales, entretenidas y novedosas; la audiencia de la televisión tradicional va a pasar a ser SU audiencia, y si eso sucede, le será fácil encontrar patrocinadores y monetizar sus videos, convirtiendo su trabajo audiovisual en una labor cotidiana y rentable.

1. La Cámara, la Pantalla y el Ojo.

Piense por un momento: qué forma tiene una pantalla de cine?
Será casualidad que con los años, los televisores hayan adoptado esa misma forma?
Qué tiene eso que ver con los ojos?

Empecemos con los ojos: La forma que tienen nuestros ojos, redonda alargada, como un rombo acostado, hace que nosotros podamos ver en horizontal hasta 120 grados y verticalmente un promedio de 60 grados. Qué quiere decir eso? Que nuestra visión es panorámica, puesto que nuestros ojos ven más horizontal que verticalmente. Por esta razón, desde siempre, las pantallas de televisión han sido más anchas que altas, aunque hoy en día, esa diferencia sea más notoria, pues, gracias a la publicidad, todos entendemos que un televisor FullHD debe tener una relación de aspecto de 16:9, que se asemeja a la de una pantalla de sala de cine.
Nuestros ojos en la retina tienen alrededor de 5 millones de conos receptores que son los responsables de la visión a color y 100 millones de bastones que detectan el contraste monocromático. Eso, con algunos otros datos, formulas matemáticas y datos científicos, nos llevará a la conclusión de que nuestros ojos tienen alrededor de 576 megapixeles de resolución, lo que significa que una cámara de Smartphone de 12 Mpx ni siquiera se acerca a grabar con la claridad a la que realmente nuestros ojos podrían ver.

Pero, en la práctica, de qué nos sirve este dato?

Cuando usamos un celular puesto en horizontal, el ángulo de captura de imágenes está entre 40 y 55 grados (ni cerca de los 120 originales de los ojos), lo que quiere decir, que ni siquiera usándolo de manera correcta (Si. La forma de grabar con un celular correctamente, es ponerlo en posición horizontal) estamos abarcando nuestro propio ángulo de visión, por consiguiente, estos datos significan que si usa usted su celular para grabar verticalmente, solo estará grabando en promedio 20 grados en diagonal a la posición del celular. Menos de la mitad de lo que podría grabar si usa el celular colocándolo en posición horizontal. En la imagen verá con color todo el ángulo que pierde al usar el celular en posición vertical.

RELACIÓN DE ASPECTO ENTRE LA PANTALLA DE CINE Y EL OJO HUMANO

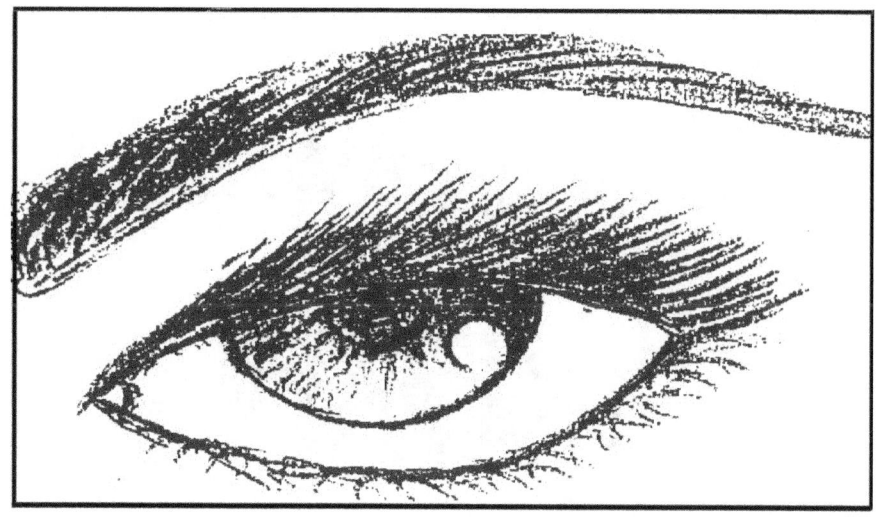

SIEMPRE que grabemos debemos usar la cámara en Horizontal, este es un error muy frecuente entre las personas que graban con celulares apuntando a lo que quieren grabar y se pierden la mitad de lo que está pasando alrededor, porque aunque con sus ojos lo ven, la cámara en vertical no llega a percibirlo. TIP: Aunque esté haciendo un Facebook Live, apunte con el celular en posición horizontal: su audiencia se lo agradecerá.

En la siguiente ilustración, la zona sombreada de color corresponde a todo el ángulo de visión que se pierde cuando graba o transmite con el celular en posición vertical:

RELACIÓN DE ASPECTO ENTRE CELULAR USADO EN POSICIÓN VERTICAL Y EL OJO HUMANO

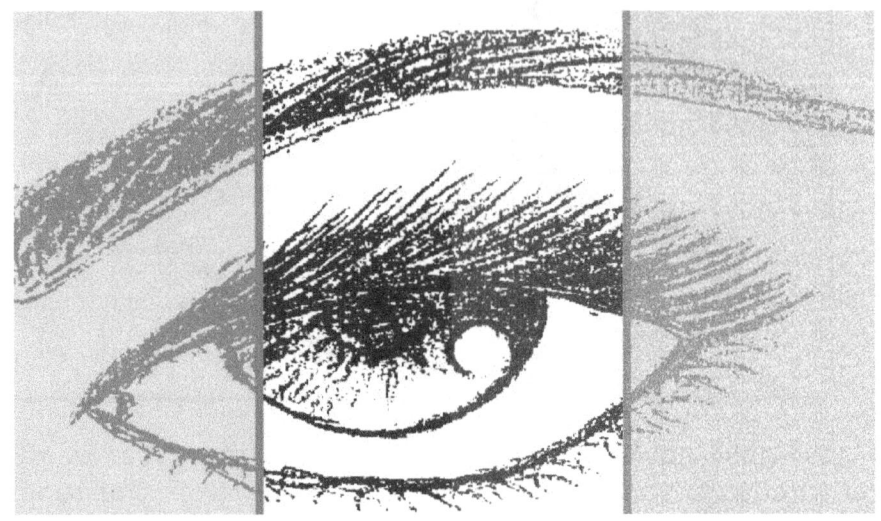

2.   Los planos en el Cine Para Internet.

Un plano es la imagen o perspectiva que usted observa en la cámara al componer la imagen para una foto o en este caso para el video, es decir, el plano esta compuesto por los elementos o personajes que usted va a grabar y el orden o la distancia al que ellos están de la cámara.

Por ejemplo, si usted va a realizar una entrevista, en su plano usted debe componer la imagen para ver al entrevistado, si quiere mostrar la silla donde está sentado o el fondo de donde se encuentran… Si es para una historia en la que 2 amigos se encuentran en un restaurante, el plano debe contener a los 2 personajes (o más si es necesario) y un poco del ambiente con el que podamos entender donde se encuentran (el restaurante) y cual es la situación que se desarrolla (se encuentran para almorzar).

La distancia en la que se encuentra el sujeto de la cámara es la característica que le da nombre a cada uno de los planos con los que se pueden componer todo tipo de documentales, historias, entrevistas y películas de cualquier género.

Acompáñeme a hacer un ejercicio con el que voy a explicarle claramente el valor (o distancia) de cada uno de los planos:

Ejercicio 1:
Vamos a hacer una escena en la que una pareja camina en el parque mientras hablan. Luego de algunas frases se detienen y se ubican uno frente al otro para que, en esta posición, nuestro Personaje A pueda declararle su amor al personaje B.

Plano Panorámico o Gran General:

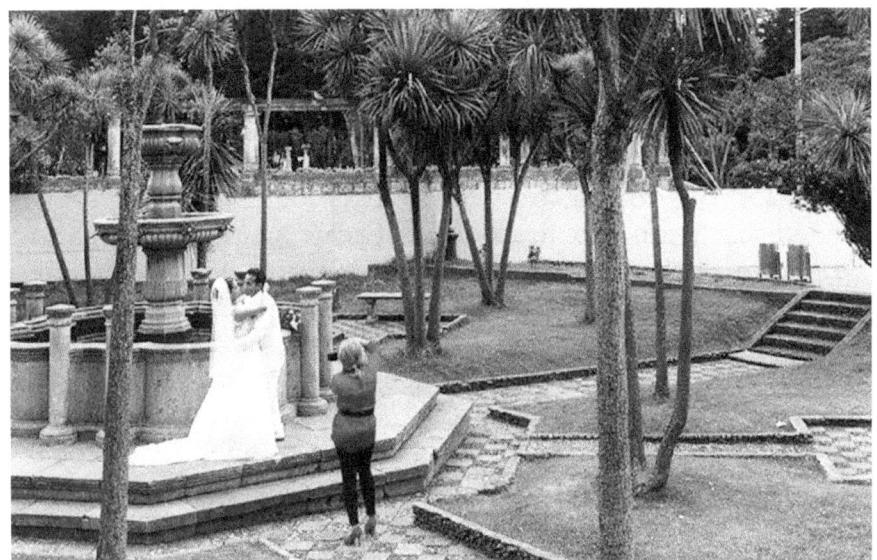

Foto: Andrés Gaviria

Con este plano mostramos el contexto en el que se desarrolla la situación, es decir, el parque. El contexto incluye la ubicación (espacio o lugar) en el que se desarrolla la acción, pero también puede incluir pistas sobre los personajes o mayor información acerca de la situación que se desarrollará en la escena. Aquí pueden verse o no notarse claramente quienes son nuestros personajes, pues lo que pretendemos es que el público entienda en donde está desarrollándose la escena.

Plano General:

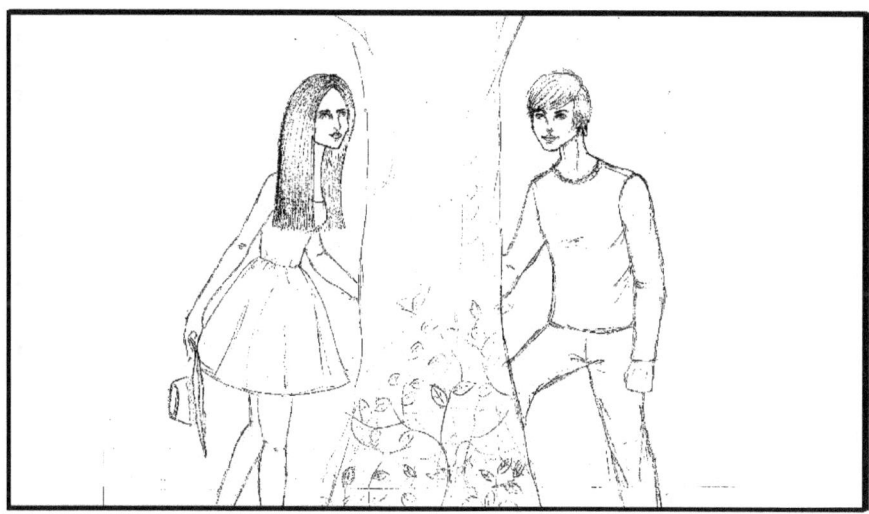

En este encuadre de cámara, vemos a nuestro(s) personajes(s) rodeados del contexto en el que se desarrolla la acción, es un plano en el que se ven las personas o personajes de cuerpo entero rodeados de las cosas que tienen más cerca en el parque. Este plano en la narrativa audiovisual se usa básicamente para hacer ver la cercanía entre los personajes o las distancias físicas (que además son psicológicas) entre ellos.

Plano Americano:

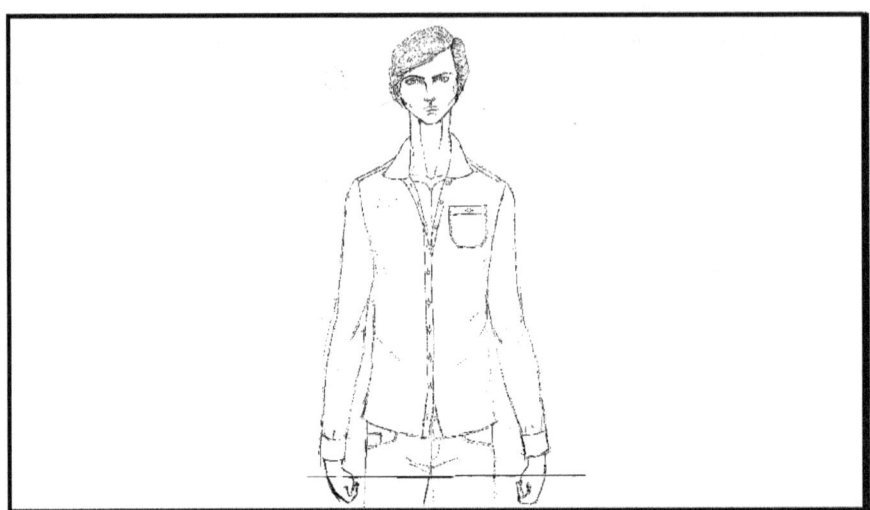

El valor de este plano llega desde la cabeza del sujeto hasta la mitad de su muslo. Se llama "americano" porque fue en los estados unidos que empezaron a usarlo para poder ver al personaje con sus pistolas amarradas en la cintura en las películas del lejano oeste. Tiene diversos usos narrativos (muestra de estados físicos de los personajes o su manera de vestir y caminar) que lo convierten en un plano valioso cuando está bien usado o en un plano que altera el ojo cuando está en el lugar equivocado.

En la ilustración, la pequeña línea a la altura de las manos índica el limite en el tamaño del plano con y sin pistolas, o dependiendo de lo que queramos mostrar.

Plano Medio:

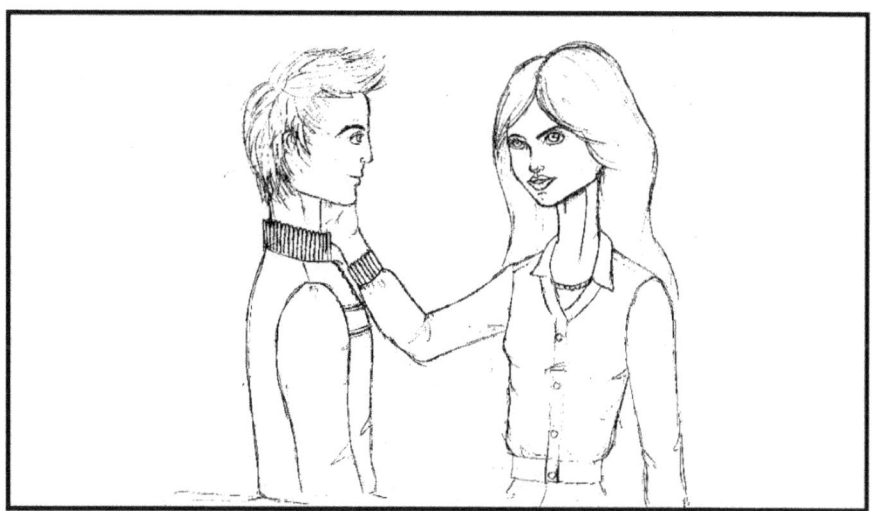

Como su nombre lo índica es una composición en la que se observa medio cuerpo (generalmente de la cintura para arriba) del personaje o los personajes que intervienen en la acción de la escena. Es un plano muy usado pues cuando las personas están en una conversación para marcar las posiciones y reacciones del uno frente al otro y se complementa cuando se intercalan los planos de uno y otro mientras van charlando.

Primer Plano:

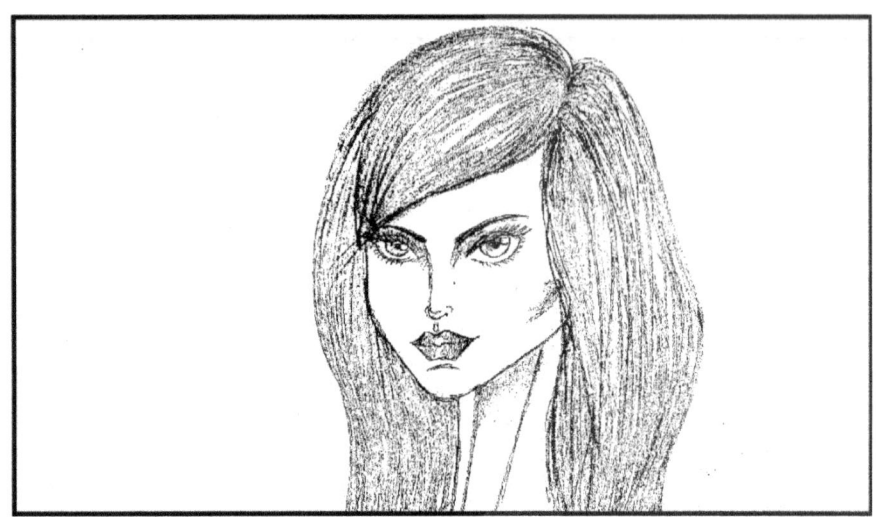

Es el plano en el que vemos solo la cara y el cuello del personaje, sin importar el ángulo desde el que lo estemos enfocando con la cámara. Generalmente se usa para hacer énfasis en reacciones, textos o emociones en las que la cara y sus expresiones juegan un papel importante dentro del desarrollo de la escena o la historia.

Para incluir dos personas en la composición
del primer plano, podemos permitirnos llegar
hasta los hombros como en la siguiente
ilustración:

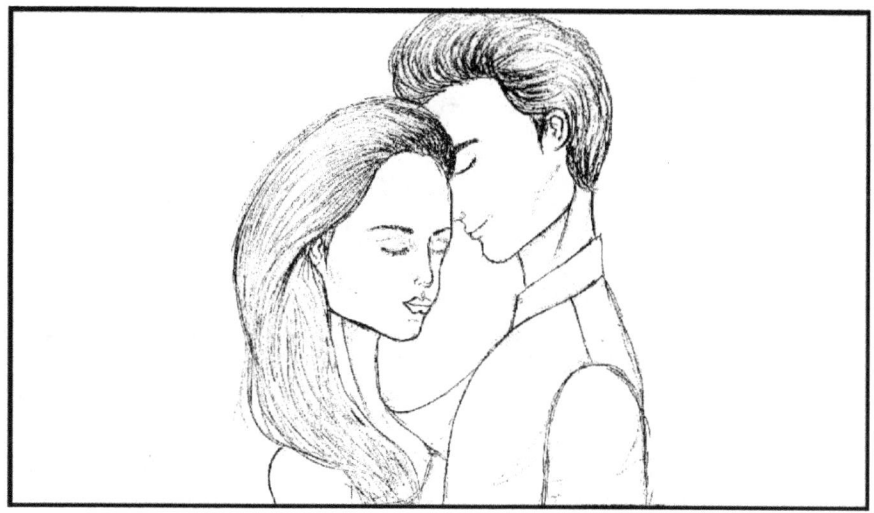

Primerisimo Primer Plano o Close-Up:

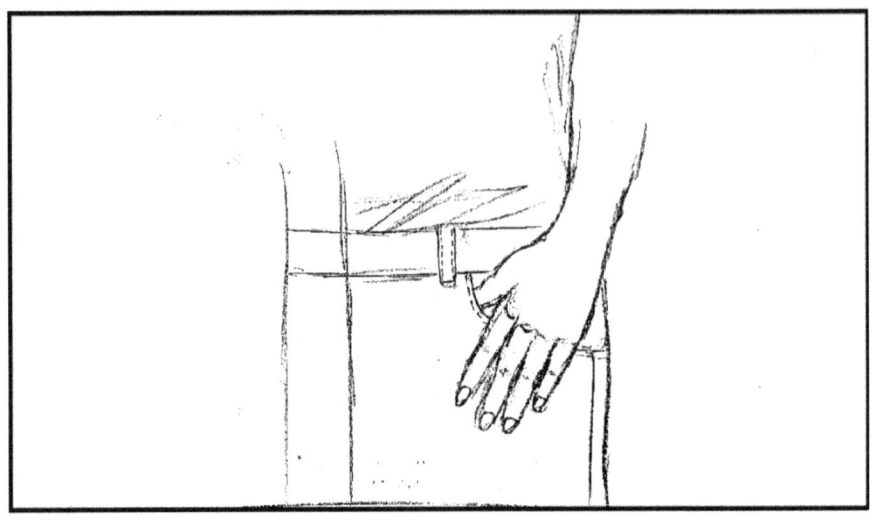

Este plano tiene una variedad de uso como "inserto" o plano de detalle dentro de las escenas, pues muestra específicamente aquello que queremos resaltar en la situación: un ojo, el movimiento de la boca, algo que tienen en las manos y están guardando en el bolsillo; también puede mostrar una acción especifica: un estrechón de manos, un píe que patea a otro bajo la mesa… por la tanto su valor (tamaño) depende de lo que estamos mostrando, lo que quiere decir que un Close-up de un saludo de manos aunque no tiene la misma dimensión que el plano de un ojo cerrándose, técnicamente sirven para lo mismo: para detallar una parte del cuerpo, un objeto o una situación.

Conocer los planos y sus valores es solo el primer paso hacia su conocimiento de la realización del cine para internet, puede empezar a experimentar combinando planos y distancias de los objetos y personajes para que logre encontrar en las perspectivas, los ángulos y movimientos de cámara su propia manera de componer planos, combinar, grabar y "armar" las escenas. Piense en la siguiente ilustración:

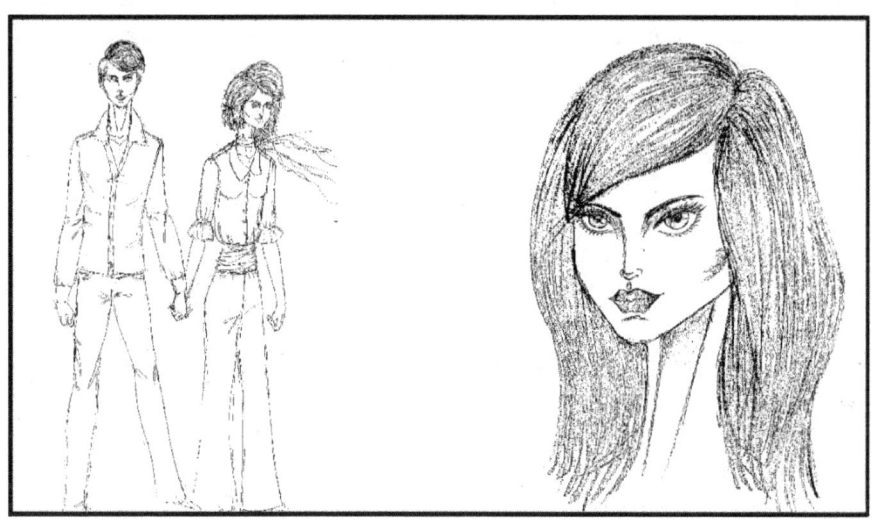

PLANO DE UNA MUJER MIRANDO A UNA PAREJA EN LA DISTANCIA...
ES UN PLANO GENERAL O UN PRIMER PLANO?

Solo usted tiene la respuesta porque depende de cuál de los personajes este enfocado y cuál está fuera de foco, dependiendo de lo que quiera contar con la escena.

Le propongo un ejercicio: vamos a grabar con su celular y armar la escena del parque como yo lo haría, aunque eso no signifique que esté bien o mal hecho… simplemente sería la manera en que yo "armaría" visualmente la escena.

Recordemos el ejercicio 1:

Vamos a hacer una escena en la que una pareja camina en el parque mientras hablan. Luego de algunas frases se detienen y se ubican uno frente al otro para que, en esta posición, nuestro Personaje A pueda declararle su amor al personaje B.

1. Plano panorámico del parque.
2. Close Up de una mano recibiendo un helado
3. Plano General en el que veo a la pareja comiendo helado caminando entre la gente, se escucha que hablan sobre lo mucho que disfrutan pasar tiempo juntos.
4. Plano medio del personaje A diciendo "gracias por este delicioso helado, siempre me haces feliz!
5. Plano General en el que se nota que personaje B se detiene y se pone frente a personaje 1 diciendo: "tu también me haces muy feliz, pero hay algo importante que tengo que decirte"
6. Primer Plano de la cara de personaje A con su reacción de sorpresa diciendo: importante?
7. Plano medio del personaje B diciendo: ya no puedo esperar más…
8. Plano general en que vemos que ya los 2 están frente a frente, nerviosos…
9. Close Up de la mano de personaje B sacando algo del bolsillo de su pantalón

10.   Plano medio de personaje A y Personaje B en la que vemos como 2 le muestra una cajita que pone frente a su cara.

11.   Primer plano de la cara de personaje A totalmente sorprendido

12.   Plano general en el que vemos como personaje B se pone de rodillas con las manos estiradas abriendo la caja

13.   Primer plano de la cara de personaje B, quien se dirige a personaje A diciendo: Quiero que seas mi bendición para siempre!

Puede contar cuántos planos diferentes estoy usando?

Se los puede imaginar?

Cuántos y cuáles usaría usted?

Cuándo haya grabado la escena y haya terminado su post-producción, compártala con nuestros hashtag #democraciaaudiovisual y #cineparainternet y vamos a probar cómo luce la misma escena grabada por muchos directores, actores y camarógrafos diferentes, seguro que podemos encontrar cosas valiosas de nuestro trabajo y de el de los demás!

Seguramente después de esto ya se dio cuenta de cómo los planos enriquecen su narración audiovisual, pero ahora que ya lo tiene claro, vamos a avanzar a un tema un poco más complejo, así que le ruego que memorice el nombre de los planos y sus valores antes de continuar.

3.   Lenguaje Audiovisual

Así llamamos a nuestra manera de "hablar" o combinar las diferentes imágenes, sonidos, planos, voces, escenas y secuencias que grabamos para componer un video. Hay muchos teóricos respetables del lenguaje audiovisual, algunos se ven en la universidad como materia de estudio y otros terminan siendo los propios directores de cine que a través de sus obras nos enseñan una nueva forma de ver la realidad, pues cada director tiene su propio "lenguaje audiovisual" que lo caracteriza y diferencia de los demás directores o realizadores. Ejemplo de estos hay muchos, sin pensar en buenos o malos porque eso es solo una cuestión de gustos; pero algunos de los directores más sobresalientes de nuestros tiempos pueden ser, en el cine: Quentin Tarantino, Alejandro Gonzalez Iñarritú, Cristopher Nolan; en la televisión hay escritores, directores y productores como Greg Nicotero, Tina Fey, Simon Cowell, Shonda Rhimes y hasta la misma Oprah Winfrey que han cambiado las estéticas y la forma de hacer televisión de diversas maneras que han empujado hacia el futuro, ese futuro que usted y yo queremos escribir haciendo cine para internet: un "estilo", o "movimiento", o simplemente una manera de hacer las cosas que ha sido encabezado por grandes escritores y directores como David Fincher, Kenji Kohan, el equipo de Smosh o Baz Lurhmann; quienes cuentan con grandes presupuestos (contrario a usted que está en su casa, en su barrio o en su escuela y cree que no tiene con qué darle su propio "toque" a sus historias y por eso está leyendo este libro) y luego están los Youtubers que desde sus casas y trabajos hacen videos, tutoriales, reseñas… son gamers, veganos, actores o músicos y son tantos que nombrarlos es prácticamente imposible, aunque en español tenemos a Rawana, Kaeli, Germán, yuya, Enchufe, Werevertumorro… recuerde que su herramienta de difusión es la misma; es en esa ventana creada por la internet en la que usted y yo, si hacemos las cosas con la calidad y creatividad suficiente, podemos crear, mostrar y aportar desde nuestras diferentes visiones de la realidad y del mundo que nos rodea.

Si ya sabemos que el lenguaje audiovisual es su propia manera de contar y mostrar sus historias, necesita como primera medida entender cómo funcionan los planos, angulaciones y secuencias para a través de ellos, sus variaciones y combinaciones; poder encontrar su propio camino.

Los planos o las tomas (cada toma es un plano diferente con los que se compone una escena) son solo la base fundamental de lo que está a punto de aprender, así que, sabiendo cuales son los planos, vamos con sus variaciones:

a. Las Angulaciones:

Son, como su nombre lo índica, el ángulo en el que la cámara muestra la imagen que estamos grabando; puede ser que usted graba a la persona en un plano general desde arriba (desde 45 grados, por ejemplo) y no desde el frente, creando así un plano "picado" que hace que la persona o el objeto se vean más pequeños de lo que realmente son… este ángulo es usado cuando queremos mostrar que lo que enfocamos con la cámara es (o se siente) más pequeño, disminuido, menospreciado, subyugado. Si hacemos lo contrario y grabamos al personaje desde abajo, a los mismos 45 grados, haremos un plano "contrapicado" en el que nuestro sujeto se ve superior, grande, alto, poderoso o seguro de si mismo. El ejemplo perfecto de estas 2 angulaciones es una escena de una pelea, en la que, al personaje que queremos que la gente vea como superior le apuntamos con la cámara en contrapicado y al otro personaje "el débil" le apuntamos en plano picado para hacer énfasis en esas características desde lo visual y enriquecer nuestra historia desde el audiovisual. Cuando estamos en una escena que muestra una conversación, los ángulos de la cámara pueden mostrar las caras completas de quienes hablan (primer plano) o mostrar solo ¾ de la cara en un plano "perfilado" (45 grados aproximadamente, teniendo como base los 90 grados que forma la cara mirando al frente), dependiendo de la posición de los personajes y el contenido de sus conversaciones. En algunos casos, podemos poner un plano de perfil completo mientras la gente habla para hacer sentir al público que esa persona está "ignorando" a su interlocutor, pues ni siquiera lo mira cuando le está hablando… Otra angulación son el Cenital (90 grados arriba de las cabezas), o el zenit (180 grados o desde el suelo) dependiendo de lo que queramos mostrar: el cenital se usa para mostrar desplazamientos dentro de un mismo espacio y el zenit para mostrar desprecio, maltrato, pisotones, cigarrillos aplastados o personajes que están pateando a otro en el piso.

b.   Las secuencias:

Básicamente las escenas son una secuencia editada usando varias tomas en las que hemos capturado el plano que nos gusta y el ángulo que nos parece mejor, todo combinado con la actuación o acción exacta que queremos lograr. A la labor de combinar esos planos para que conformen una acción continua en el tiempo (combinar varios planos grabados cada uno en una toma diferente, en diferentes ángulos para componer un movimiento, como por ejemplo, un hombre que está moviendo unas cajas de un lugar a otro) se le llama racord (en inglés) o secuencia (en español). A una escena que está compuesta por un solo plano en el que la cámara quieta o en movimiento captura todas las acciones sin hacer ningún tipo de corte entre un plano y otro, se le llama "plano secuencia", pues es una escena que sucede de una forma continua frente a la cámara, es como una "coreografía" preparada para que pase de manera ininterrumpida mientras grabamos. Además de estos, podemos usar un "clip" que se apoya en la música o en el silencio para mostrar una escena o situación de una manera "no lineal", es decir, una manera en la que las acciones no siguen su curso de tiempo normal, si no que parecen "fracturadas" o partidas para hacer énfasis en algunas acciones, en el paso del tiempo o en las emociones que se quieren transmitir (de aquí vienen los videoclips musicales, que no tienen, generalmente, una línea de tiempo continua en el audiovisual). Todos estos recursos: Las escenas, secuencias y el clip se pueden usar dentro de una misma historia o película sin ningún problema, más que la justificación de que transmitan exactamente lo que el director pretende en cada parte de la historia.

    c.   Las Subjetivas o POV:

Un plano subjetivo es aquel en el que se muestra el punto de vista de un personaje u objeto, es decir, en el que enfocamos la cámara como si fueran los ojos del personaje con su estática o movimientos correspondientes a la acción que desarrolla (puede estar quieto si está amarrado y ve que le van a aplicar un suero mortal o puede estar corriendo mirando para los lados buscando por donde escapar) o un objeto que es agarrado o lanzado (gracias a la acción de las action cam) o una cámara amarrada a un perro nos de su POV del mundo a su alrededor…

d.   El Plano Selfie y el WebCam Shot:
Creados por nuestros pioneros de la realización para internet, el webcam shot es el que, como su nombre índica, está ubicado desde una computadora, Laptop o cámara de seguridad y que generalmente se usa para grabar los videos de tutoriales o para hacer conversaciones por video llamadas o webinarios. El selfie es el plano en el que usted mismo se apunta con su cámara o su celular desde cualquier distancia, no importa que use su brazo o un selfie-stick y se usa como un recurso cuando alguien está llevando un video-blog, un diario de actividades o está mostrando una experiencia o paseo en sus redes sociales y como tal, es un recurso que habla de la "cercanía" de la tecnología con las personas hoy en día.

Conociendo ya todas esta variaciones y sus posibles interpretaciones o significados a nivel audiovisual, ya dispone usted de los elementos necesarios para decidir cómo contar su historia o desde que ángulo, perspectiva o lenguaje va a abordar su realización de Cine para Internet. Atrévase a hacer ejercicios, a experimentar, a equivocarse y a encontrar su propia manera de combinar planos, secuencias, silencios, clips, ojos, manos, sonidos, tomas y todo aquello que usted pueda crear en su imaginación y su entorno pueda ofrecerle para crear su propia visión de la realidad y mostrársela al mundo a través de la internet.

4.   El Sonido

El significado de "arte audiovisual" es muy amplio y no está solamente relacionado con el cine sino también con el teatro, la danza, el mapping y todas las experiencias y espectáculos artísticos que combinen lo que usted ve con lo que escucha. Lo que nosotros vemos es Luz que nuestros ojos y cerebro convierten en imágenes y lo que escuchamos son vibraciones que nuestro oído transforma en impulsos nerviosos que son transmitidos al cerebro para su interpretación como sonidos. La combinación de lo que vemos y lo que oímos es lo que nuestro cerebro percibe como realidad, y para cada ser humano, la realidad es diferente dadas las diferencias en la percepción de cada cerebro.

El concepto "audiovisual" significa la integración e interrelación plena entre lo auditivo y lo visual que se perciben de manera simultanea en armonía (a cada imagen le corresponde un sonido), o en complementariedad (lo que no aporta lo visual lo aporta lo auditivo y viceversa) o en contraste (el significado es generado por el contraste entre el sonido y la imagen).

En las películas el concepto de "audiovisual" funciona de la siguiente manera: la mitad de lo que usted cuenta lo hace a través de la imagen y la otra mitad con el sonido, el sonido incluye las voces, la música, los efectos (pasos, sonido del agua corriendo o de una olla al caerse) y hasta los silencios.

Cuando esté grabando sus escenas o sus videos, debe ser muy consiente de que el sonido también necesita ser grabado con las mejores condiciones posibles; para eso debe pensar en usa un boom, un micrófono de solapa o un manos libres de celular; todo dependiendo de su presupuesto.

Si usted quiere grabar con el micrófono que viene incluido en su teléfono móvil, Tablet o cámara; inicialmente le digo que NO LE RECOMIENDO grabar así, a menos de que vaya usted a grabar a alguien que está muy cerca y hablando directamente a la cámara…

con un boom o micrófono de ambiente tenga en cuenta que lo mejor es comprar uno que usted pueda conectar a la entrada de audífonos o micrófono de su cámara (recuerde que hay muchas cámaras DSRL que no tienen entrada de audífonos y micrófono para usar simultáneamente) sin necesitar de un adaptador, qué sería un gasto más grande. Use el boom con varios metros de cable para que pueda acercarse a donde está sucediendo la acción si necesita ubicar la cámara a varios metros de distancia y apunte desde lo más cerca posible (sin que se vea en el plano de la cámara) a la persona o el objeto que genera el sonido que desea registrar.

El micrófono de solapa es la mejor opción para grabar el sonido de la voz en personas que están hablando en un ambiente abierto (calle, restaurante, ciudad), pero sabemos que también puede ser la más costosa de las opciones… Si tiene un micrófono de solapa, procure ponerlo a la altura del pecho escondido entre la ropa y poniendo la caja transmisora atrás en la pretina del pantalón o colgándola en el cinturón.

Para finalizar quiero recomendarle el uso del manos libres de su celular si quiere grabar un sonido en el que la voz de su personaje se escuche clara y en primer plano: Consiga un manos libres bluetooth y póngalo en la oreja que menos se note dentro de su plano, con esto logrará un sonido decente y disimulado por el tamaño del auricular y la ausencia de cables.

Si necesita grabar otros sonidos (Foley*): automóviles, trenes, ambientes, huesos que se rompen, piedras rodando, pasos en la tierra o en la nieve, tecleos de computadora, golpes o cualquier cosa que se le ocurra; procure hacerlo en un salón cerrado y busque en Youtube "cómo hacer Foley", allí encontrará muchas técnicas y secretos prácticos para poder reproducir muchos sonidos que pueden servirle en su película.

Si siente que ya tiene solucionado el sonido, solo nos queda un paso: Editar de manera efectiva sus películas.

*Se llama Foley (que es el apellido de Jack, un productor sonoro que desarrolló este arte en New York) al arte de recrear sonidos que no fueron grabados en su ambiente original usando una sala acondicionada con elementos varios y en la que se requiere mucha imaginación.

5.   La Edición o Post-Producción

Editar es "armar" las escenas o componentes de su película usando todos los recursos de los que disponemos: las tomas correctas de cada plano que grabamos, las conversaciones y voces, la música, los efectos de sonido y de video, los logos y gráficos, las fotos (si vamos a usarlas dependiendo de lo que estemos haciendo), los planos secuencia, en fin, Todo.

La edición es un proceso mucho más largo y desgastante que la grabación, pues intentando promediar, una persona hábil y experimentada, se tarda dos horas por cada minuto de película que quiere postproducir en su celular, computador o ipad. Es decir, esta última parte del proceso es dispendiosa y se necesita de concentración y claridad para llevarla a cabo de la mejor manera: Un buen editor conoce todo el material y hace que las imágenes "hablen" con sentido, estética y belleza, todos esos conceptos enmarcados dentro de la propia identidad de cada película o proyecto.

Piense que para una nota periodística de 5 minutos va a necesitar menos tiempo que para un cortometraje con historia de la misma duración, pero finalmente va a necesitar al menos 6 horas para editar la nota y 10 horas para el corto.

Para mis proyectos de alto presupuesto siempre hemos usado final cut para la edición; pero en mis clases universitarias recomiendo para la edición usar i-movie o cute-cut, dependiendo del sistema operativo de su dispositivo de edición. Es una recomendación por la que nadie me está pagando, solo lo digo para que le quede claro que realmente pienso que dichos softwares son los más fáciles y prácticos de usar, los que mejores prestaciones tienen y su relación costo-beneficio (en el appstore y google promedian los usd$8.00 al comprarlos en sus versiones completas) termina siendo beneficiosa para el presupuesto de nuestro proyecto, si es que disponemos de presupuesto, o si usted quiere simplemente dedicarse a hacer videos, su cámara y su software de edición son como la guitarra y el amplificador que básicamente necesita un músico para poder subirse al metro a cantar.

Recuerde que al editar toda su película debe quedar sin cortes bruscos que usted no quiera que estén allí, ni en el audio ni en el video, que todos los sonidos deben quedar nivelados para que en cada momento se escuche exactamente lo que usted quiere que se escuche, que los planos se complementan unos a otros en lo que tiene que ver con el racord (si su película lo requiere) y que su historia se entiende bien o no se entiende nada… dependiendo de lo que usted pretenda con su película!

No hay un límite de ninguna clase en la realización de cine para internet. Como dicen en los comerciales: el limite está en su imaginación!

comparta su experiencia con nosotros a través de cualquier red social con el hashtag #democraciaaudiovisual para que entre todos compartamos la información que puede ser útil a la comunidad creativa del cine para internet del mundo.

Por ahora me despido esperando que logren arrancar con el píe derecho con esto de ser "cineastas del internet", entendiendo que la única manera de hacerse un lugar en la red es logrando hacer productos audiovisuales de calidad para su potencialmente innumerable audiencia on-line.

Nuestro tomo 2 de la serie DEMOCRÁCIA AUDIOVISUAL le traerá todos los tips que necesita para solucionar los problemas de producción que se presentan cuando usted quiere hacer Cine para internet: Desde cómo generar buenos contenidos al escribir un libreto, conseguir actores y dinero para sus gastos hasta lo que debe tener en cuenta para no desperdiciar ese dinero en la grabación...
No es por nada, pero se lo recomiendo!

Pásenla Bien haciendo cine para internet, pero como en el sexo: Háganlo Responsablemente: El futuro está en sus manos.